JN170716

くらべる東西

おかべたかし・文

山出高士・写真

東京書籍

本書は「いなり寿司」や「銭湯」など34組の「東（主に関東）と西（主に関西）の文化・風俗の違い」を解説した本です。

今までにもこういった「東と西の違い」をくらべる本はありましたが、そのほとんどは文字による情報のみでした。しかし本書では、そのすべてを写真にとってくらべ、違いを一目瞭然にしたところに大きな特長があります。

一組の「くらべる東西」は4ページで紹介してあります。初めの2ページには、東西両者の写真を掲載しています。そしてめくったところにそれぞれの特徴の解説と、それに関連した情報を掲載しています。

写真はすべて本書のために撮り下ろしたものです。借り物の写真を使わず、あえて自ら撮っている姿勢もコラムなどを通じて楽しんでもらえたら嬉しく思います。

掲載した「くらべる東西」は五十音順に並んでいます。もちろん前から順に読む必要はありませんので、パラパラとめくって気になったところからご覧ください。

また「東西」の違いについては様々な説や解釈、例外があります。また、それらは時代や地域によっても変わる多様性を備えたものです。よって、そのすべてに言及するのは現実的ではなく本書の性格も変わってしまうので、そのなかからひとつに絞って紹介していることをお断りしておきます。

文はおかべたかしが担当し、写真は山出高士が担当しました。

本書をご覧になった方が、その違いをすっきりと理解するだけでなく、「東と西の違い」から感じられる日本文化の豊かさにも気づいていただけたら幸いです。

——— おかべたかし

Part.2

さ行 た行

Part.3　な行 は行 ま行 や行 ら行

東西コラム

カメラマンコラム「こうして撮りました」

装丁＆本文デザイン／佐藤美幸（keekuu design labo）　カバー＆本文写真／山出高士

いぬもあるけば
ぼうに
あたる
い
いっすん
さき
やみのよ
い

くらべる東西

Part. 1

あ行 か行

東のいなり寿司

西のいなり寿司

俵型が「東のいなり寿司」

三角形が「西のいなり寿司」

甘く煮た油揚げで酢飯を包むお寿司を「いなり寿司」と呼ぶのは、稲荷（いなり）神の使いであるキツネの好物が油揚げであることに由来する。このいなり寿司は、関東が俵型、関西が三角形とその形が異なっている。関東のいなり寿司が俵型をしているのは、五穀を司る稲荷神社に奉納する米俵の形にちなむため。一方、関西のいなり寿司が三角形なのは、キツネの耳の形や伏見稲荷大社のある稲荷山の形を模しているからとされている。また、中のご飯も、関東は白い酢飯が多いのに対して、関西では具が入っているケースが多いという違いがある。

名店のいなり寿司は じんわりと美味しい

東のいなり寿司の撮影にご協力いただいたのは、写真の「神田志乃多寿司本店」。西のいなり寿司は、P116の「ちらし寿司」でも撮影にご協力いただいた「京のすし処 末廣」。どちらもじんわりと美味しく、ついつい何度も箸が出る味わいでした。ちなみに「いなり寿司がよくでる日いつですか」と尋ねると、どちらも「初午（はつうま）の日ですね」とのお答え。この２月最初の「午の日」は五穀を司る神様が降臨した日で、この日にいなり寿司を食べる風習が今でも残っているのです。

東のおでん

西のおでん

濃い出汁で煮込むのが「東のおでん」

薄い出汁で煮込むのが「西のおでん」

関東の出汁（だし）は濃く、関西の出汁は薄い——。うどんや蕎麦でもよくいわれる対比だが、この違いは「おでん」を比較しても見てとれる。写真のように関東のおでんは、濃い出汁で煮込まれたもの。一方、関西のおでんは、薄い出汁で煮込まれている。具材でいえば、関東のおでんは小麦粉を使った練り物である「ちくわぶ」や「はんぺん」が、関西のおでんは「がんもどき」の一種である「飛竜頭」（ひろず ※ひりょうず、ひろうすなどの読み方もある）などが特徴的だ。

東西おでんの名店
「日本橋お多幸本店」と「蛸長」

東のおでんの撮影にご協力いただいたのは、東京・日本橋にある「日本橋お多幸本店」。大正12年創業の同店の黒い出汁は、長年継ぎ足されてきた秘伝のもの。その出汁が染みた大根は格別でした。一方、西のおでんの撮影にご協力いただいたのは京都にある「蛸長」。作家・池波正太郎も《この店で、聖護院大根や飛竜頭、コロや海老芋、湯葉など、京都らしいおでん種で酒をのむのは、私のたのしみの一つである》(『むかしの味』より、新潮社）と綴った名店。今でも取材時にいただいた蛸や海老芋の優しくも力強い味を思い出します。

なくなりつつある東と西の違い

～ 伝統とは意志である ～

京都では並ばない。昔はそうでした。

20年ほど前、故郷の京都から東京に出てきて初詣に行ったときに、賽銭箱の前から参拝客がつらつらと列を作っているのを見て驚いたのです。

当時の京都では、賽銭箱の前に並ぶなんてことはしていませんでした。みんな空いているところから、賽銭を投げて拝んでおしまい。賽銭箱の前がごった返していたら、遠くから「あらよっ」なんて賽銭を投げる人も少なくなかったように記憶しています。

「神様なんやから、順番に願いごとを言わんでもわかるんよ」

まあ、京都はそんな感じだったので、東京で見た参拝の列は、とても不思議なものとして印象に残っていたのです。

そこで今回、こういった対立の構図を観察してみようと「並んでいない関西」を見に行ったのですが、これがちゃーんと並んでいるのです。20年前にはあった関東と関西の違いは、もうありませんでした。

東の「おでん」には、濃い出汁が染みた大根の写真が撮りたくて探したのですが、思った以上にそういう店は多くありません。

「銭湯」の撮影で伺った竹殿湯のご主人は、中央に湯船を据える関西風の銭湯は、どんどんなくなっていると教えてくれました。
「コマ」と「だるま」の撮影に伺った日本玩具博物館の館長さんは、「まだオモチャには地方の特性が残っているほうだと思いますよ」とおっしゃっていました。裏を返せば、他のものはどんどん地域性がなくなっているということでしょう。
『残したい日本の美201』(田中優子・監修/長崎出版)という本の冒頭に《伝統とは意志である》と書かれていました。《その時代の人々が「残したい」と思ったものだけが残る》と。
　この一節を読んで、今回、取材させていただいた人たちは、意志の人なんだと感じました。「効率」という一言をもってすれば、多くのことはなくなってしまうでしょう。しかし「残したい」という意志をもった人たちが、その伝統を残している。
　今回、関東と関西では七味唐辛子の味が違うと知り、それぞれを買い求めた我が家にはその両者があります。「同じもの」だと思っていたその

写真は、京都取材の折にいくどか見かけた「お福人形」。店頭に飾ると福を招くといわれる「招福人形」で、こういった人形にも色濃い地域性を見ることができます

七味唐辛子は、それぞれ独特の味と香りがあって、その両者が食卓に並んでいることは、とても贅沢なことに感じます。意志をもつ人が、こんな違いを残してくれている。
　日本の地域による文化の差というのは、漠然と残っているのではなく、意志によって残っている。あらゆるものが発達した今の社会では、地域差というのは、意志が生み出すものなのだと思います。
　こんなことを思うと、この「東と西の違い」というものが、とても大切に思えてきました。この本が、少しばかりの契機となり、東と西の文化の差というものが、少しでも長く後世に残っていけばいいなと思うのです。

東のカクテル

西のカクテル

「東のカクテル」がヨコハマ

「西のカクテル」が神戸ハイボール

東西の港町として並び称される横浜と神戸には、それぞれの都市名がついたカクテルがある。まず、東の港町である横浜の名がついたのは、そのままズバリ「ヨコハマ」。横浜に寄港した外国客船内のバーで考案されたともいわれる一品で、見た目は愛らしいがジンをベースにウォッカも混ぜて作られるなかなか強いカクテル。一方、西の港町・神戸の名を冠するのは「神戸ハイボール」。こちらは氷を入れないグラスに、冷やしたウイスキーと炭酸を入れて、ここにレモンピールで香り付けをする一品。1954年にオープンし1990年に閉店した名店「コウベハイボール」で考案されたもので、関西では、このハイボールを提供するお店が多いのも、この店の影響だという。

スタンダードに加える技が見事な「BAR TOGO.T」

撮影にご協力いただいたのは、東京・三軒茶屋にある「BAR TOGO.T」のオーナーバーテンダー・東郷龍宏さん。コショウをぱらりとまぶしたハイボールを提供するなど、スタンダードに加える技が見事な東郷さん。今回、神戸スタイルのハイボールを作ったのを契機に「新しいハイボールを考えました」とのことなので、ぜひお立ち寄りください。いただきましたが、飲みやすく香り豊かな一杯でした。

東のカルタ

西のカルタ

《犬も歩けば棒にあたる》が「東のカルタ」

《一寸先は闇》が「西のカルタ」

江戸時代の後期に始まったという「いろはカルタ」は「いろは～」47字に漢字の「京」を加えた合計48字を頭文字とした「ことわざ」を読み札、そしてそれを図案化したものを取り札とする。このカルタには、江戸仕様と京仕様があり、「ことわざ」が「い」ならば《江戸／犬も歩けば棒に当たる》《京／一寸先は闇》、「に」ならば《江戸／憎まれっ子世にはばかる》《京／二階から目薬》と大きく異なり、同じなのは「つ」の「月夜に釜を抜く」のみ。ちなみにこれは「明るいから大丈夫と油断して痛い目にあうこと」を意味したことわざである。

神保町の良心「奥野かるた店」

撮影にご協力いただいたのは、東京・神保町のカルタ専門店「奥野かるた店」。カルタの販売だけでなく企画・制作も行なう同店2階のギャラリースペースには貴重な百人一首なども展示されています。カルタの他、トランプや将棋、囲碁、麻雀など、最近の人が忘れがちな室内ゲーム品を多数取り揃えている神保町の良心ともいうべき貴重な場所。お子さんやお孫さんへのプレゼント探しにも最適なお店です。

東の環状線

西の環状線

「東の環状線」が山手線

「西の環状線」が大阪環状線

東京と大阪には、それぞれ「山手線」と「大阪環状線」という「環状線」（輪のような路線を走る電車）が走っているが、両者の各都市における存在感は大きく異なる。東京の山手線といえば、新宿、渋谷、品川、東京、上野など、東京の大都市をつなぐまさに基幹路線。一方、大阪環状線は、主要都市の周りを大きく回っており、主要ターミナル駅といえば、大阪駅と天王寺駅などわずか。大阪でもっとも存在感のある路線といえば、主な繁華街である梅田や淀屋橋、難波などをつなぐ地下鉄御堂筋線であることに異論のある人はいないだろう。また、山手線には緑色を基調とした専用車両が走っているのに対して、大阪環状線は、他の路線からの乗り入れもあるため多様な車両が走っているといった違いもある。

なぜ東と西では バスの乗り口が違うのか？

東京と関西では、バスの乗り口が違うことに戸惑ったことのある人も多いだろう。東京では、前から乗って先にお金を払い後ろから降りることが多い。一方、関西では写真のように後ろから乗って、前から降りるときにお金を払うのが一般的。乗車距離にかかわらず料金が同じであれば東京式、異なる場合は関西式になるのが通例だが、同一料金に移行しても関西では後ろ乗りが主流であり、もはや利便性を超えた「東西の習慣の違い」といえるだろう。関西では、降りるときに「ありがとう」と運転手さんに声をかける人をよく見かけますが、これも前降りならではの習慣といえるかもしれません。

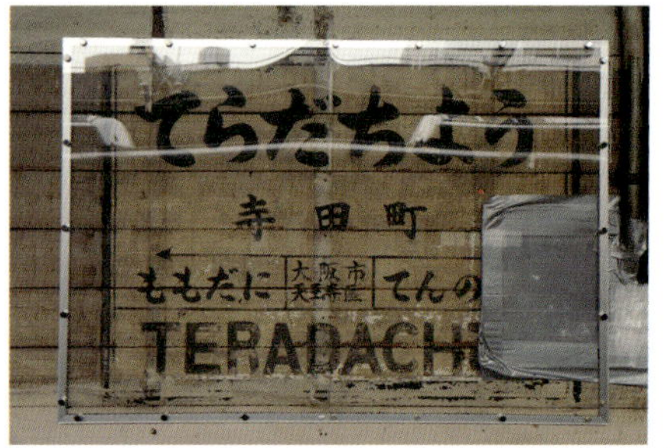

寺田町のホームに残された古い駅名、アクリル板で保護されている

住宅街に残る長屋。２棟で構成され内側は箱庭のようになっていた

チャーハンに玉子焼きを乗っけた「玉めし」

その１

東の「環状線」は同じ車両ばかりで飽きる

鉄道写真は専門外。大阪環状線の撮影に行く前、ネットで情報を集めると寺田町から見るカーブがいい感じである。実際ホームの端に立ってカメラを構えると、少し登りながらカーブを描き現れる車両にワクワクさせられる。すこし「撮り鉄」の気持ちがわかった。

撮影後、駅の周りを散策したが、なかなか味わい深かった。路地は網の目のように走り、中庭を配した長屋が点在し、お地蔵さんもきれいに飾られている。駅前のお好み焼きやさんでは、当然のように「お好み焼き定食」があり、噂に聞いた炭水化物セットを目の当たりにできた。時間がなく行けなかったが登録有形文化財に指定されている、昭和の個性派銭湯「源ヶ橋温泉」も徒歩圏だ。もちろん湯船は中央とのこと、入りたい！

　さて次は山手線だ。こちらはホーム外から撮影せねばならぬという大人の事情もあり、あれこれ調べて撮影したのがこの一枚。恵比寿と目黒の間から狙ったもので、なんとか大阪環状線と同じようなアングルに近づけることができた。両者を撮影していて感じたのは、車両のバリエーションの違い。大阪環状線は様々な車両がやってくるので飽きないが、山手線はほぼ同じ車両なので、すぐに飽きてしまう。導入されたばかりの新型車両がやってきたときだけ、少しばかり心が躍った。

（文と写真・山出高士）

大阪の町でみたお地蔵さんは立派な祠でとても大事にされていた

寺田町にあるガード下のお寿司屋さんサンプル。
錦糸卵の関西風ちらし寿司

山手線には、駒込と田端の間に唯一の踏切がある。
ゴルフボールのオブジェが目印

東の金封

西の金封

後ろの紙が上下に三角に見えるのが「西の金封」

後ろの紙が左端に一列に見えるのが「東の金封」

「金封」（きんぷう）とは、冠婚葬祭のときにお金を包んで渡す封筒、あるいは折り紙のこと。よく耳にする「御祝儀袋」というのは慶事の金封で、「香典袋」というのは仏事の金封というわけだ。この金封は、関東と関西で、紙の畳み方が異なっている。関東の金封は、後ろの紙が左端に一列に見える「たとう折」で折る。この「たとう」とは、畳んで懐に入れ鼻紙などにも用いる「畳紙」（たとうし／たとうがみ）に由来することば。一方、後ろの紙が上下に三角に見える「風呂敷折」（あるいは「大阪折」）で折るのが関西の金封である。なお、金封を飾る水引にも、関西では「法事・法用」に黄色を用いる場合があるなどの地域性がある。

関西は風呂敷文化
関東は手ぬぐい文化

撮影にご協力いただいたのは、全国各地に多種多様な金封を出荷する長野県飯田市の「木下水引株式会社」。同社の代表・木下茂さんによれば、関西の金封を風呂敷折で畳むのは、関西が風呂敷文化であるからだそうです。関西出身にもかかわらず「風呂敷文化」と意識したことはなかったのですが、京都の実家で「風呂敷ある？」と尋ねると山のように出てきたので、やはり風呂敷文化なのですね。ちなみに、これに対して関東は手ぬぐい文化。関東の手ぬぐい消費量が多いのは、祭りの神輿（みこし）を担ぐ際によく用いられるといった理由もあるようです。

東の建築家

西の建築家

「東の建築家」が丹下健三

「西の建築家」が村野藤吾

「東の丹下、西の村野」というのは、優れた建築家である両名を並び称する言い回し。「丹下」とは、丹下健三（たんげけんぞう）のことで、終戦後から高度経済成長期に多くの公共建築を手掛け、代々木第一体育館や、写真の東京都庁舎などは、その代表作とされる。一方、「村野」とは、関西を中心に多くの作品を残した村野藤吾（むらのとうご）のこと。丹下が公共建設を多く手掛けたのに対して、村野は民間建築に名作を多く残したとされるが、写真はそのなかでも貴重な公共建築である尼崎市庁舎である。

都心の真ん中に残る村野藤吾

丹下健三の生没年は1913年～2005年であるのに対して、村野藤吾は1891年～1984年と丹下よりも20年早く亡くなっている。村野の死後からもう30年以上経っているため、解体されたものも多くあり、気軽に目にする機会が減りつつある。そんななか大阪の都心で見ることができる村野作品が、写真の梅田換気塔。梅田地下街の換気用に作られたもので、なかなか味わい深い構造物。大阪の梅田に行った際には、少し立ち止まって眺めてみてください。

東のコマ

西のコマ

木の心棒が「東のコマ」

鉄の心棒が「西のコマ」

子どもの頃に遊んだ「コマ」も、地域によってその形が大きく異なる。東と西の対比で、いちばんわかりやすいのが、心棒の材質。東のコマは太くて長い木の心棒であるのに対して、西のコマは細い鉄の心棒のものが多い。また紐（ひも）の巻き方も、東は下から巻くのに対して、西は上部の心棒から巻くという違いがある。写真の「東のコマ」は、神奈川県伊勢原市の大山のコマ。「西のコマ」は、兵庫県姫路市のコマ。

雪の上で回すコマもあります

コマの地域性は実に豊かで、写真右のらっきょう型は長崎県佐世保のもの。これは回っている時間を競うのではなく、相手のコマに投げつけて遊ぶ。左は青森の「すぐりごま」。これは踏み固めた雪の上で回して遊ぶもので、くり抜かれているのはコマ自身を軽くするためと考えられている。これらのコマはすべて「日本玩具博物館」所蔵のもので、館長さんがすぐりごまを回してくれました。きれいな模様を浮かび上がらせて静かに回るコマは、たしかに雪の上で映えそう。いつか雪の青森で回してみたいものです。

東西で並び称される人と場所

～ 半泥子と鬼貫を知っていますか？ ～

P38の「東の丹下、西の村野」など、本書では東西で並び称されるものをいくつか紹介していますが、他にもたくさんあるので触れておきます。それらをざっと俯瞰すると、名が挙がるのはおおよそ「人」と「場所」なのです。

「人」として並び称されるものには「東の魯山人、西の半泥子」があります。「魯山人」というのは漫画『美味しんぼ』に登場する海原雄山のモデルにもなった陶芸家・北大路魯山人であると察しがつく人も多いと思うのですが、「半泥子」って読み方もわからない人が多いのではないでしょうか。これは、三重県に生まれ、晩年も同地で作陶した川喜田半泥子（かわきたはんでいし）のこと。銀行の取締役などを務める傍ら、陶芸だけでなく書画や俳句、茶の湯など多岐に渡る才能は、たしかに魯山人を連想させます。

「東の芭蕉、西の鬼貫」というのも、東はわかるけれど西はあまりピンとこないのではないでしょうか。「芭蕉」というのは、もちろん俳人・松尾芭蕉のことですが、「鬼貫」というのは、江戸中期に現在の兵庫県伊丹市に生まれた俳人・上島鬼貫（うえしまおにつら）のこと。芭蕉の代表句といえば《閑かさや　岩にしみ入る　蝉の声》など多数ありますが、鬼貫にも《行水の　捨てどころなし　虫の声》という有名な句があります。

場所で並び称したものとしては、「西の吉野、東の桜川」があります。これは、東西の「桜の名所」を言い表したもので、「吉野」というのは、３万本もの山桜が咲く奈良県の吉野山のこと。一方、「桜川」というのは、茨城県桜川市の磯部地区の山桜を指します。日本一ともいわれ広く知られる「吉野」の桜に対して、「桜川」というのは、関東でも知る人はあまり多くないでしょう。通常、並び称するときは「東の～」とはじめるのですが、このように「西の～」とはじめる場合は、有名な西の何かにあやかっているのだと思います。織物の町を並び称する「西の西陣、東の桐生」なども、これと同じではないでしょうか。

こういった並び称する言い方は、一昔前のものに限らず、現代にも受け継がれています。名門高校を言い表す「東の開成、西の灘」や、名棋士「東の羽生、西の村山」などはその一例でしょう。

さて、今回いちばん意外だったのが「西の鎌倉、東の荻窪」で、これは大正から昭和初期にかけて人気だった東京近郊の別荘地を並び称したものだと言います。吉祥寺などに比べれば地味な印象だった荻窪ですが、見る目が大きく変わりました。

荻窪が別荘地として人気を博したひとつの契機が、総理大臣を務めた近衛文麿が、この地に住んだことにある。この邸宅は「荻外荘（てきがいそう）」と呼ばれ、歴史に残る重要な会議がいくども開かれた。写真はその「荻外荘」の跡地で、現在「荻外荘公園（仮称）」として整備されている場所。遠くに近衛文麿が住んだ屋敷の屋根が見える。

くらべる東西

Part. ②

さ行　た行

東の桜餅

西の桜餅

クレープの形をしているのが「東の桜餅」

まんじゅうの形をしているのが「西の桜餅」

一般的に「桜餅」と呼ばれる和菓子は、関東と関西でそのスタイルが異なる。関東のものは、小麦粉で作った生地を薄く伸ばし、これをクレープ状にして餡を包み桜の葉でくるんだもの。一方、関西のものは、道明寺粉という大阪の道明寺において保存食として使われた粉を蒸し、これをまんじゅうの形にして餡を包み桜の葉でくるんだものを指す。関西の桜餅を別名「道明寺」というのは、この道明寺粉を使っていることに由来する。

桜の葉は、外して食べる？
それとも一緒に食べる？

東の桜餅の取材にご協力いただいたのは「長命寺桜もち 山本や」。東の桜餅は、このお店の創業者である山本新六が土手の桜の葉を塩漬けにして売ったことが発祥で、一年を通して桜餅を販売している。一方、西の桜餅の取材にご協力いただいたのは、「鶴屋八幡 大阪本店」で、こちらの桜餅は２月と３月の限定販売。「桜の葉は付けたまま食べるものですか？」という問いに対しては、両店とも「それはお好みです」としながらも、東の名店は「外して召し上がることをおすすめします」とのこと。一方、西の名店のご担当者は「私は１枚外し、１枚は残して食べますね」とのことで、私もこの１枚残しが好みでした。

東の座布団

西の座布団

綴じ糸がY字なのが「西の座布団」

綴じ糸が十字なのが「東の座布団」

座布団の東と西の違いは、中の綿がずれないよう中央に通す「綴じ糸」（あるいは「締め糸」）の形にある。この形が、関東のものは十字（もしくは「×」）であるのに対して、関西（とりわけ京都と滋賀）のものはY字（もしくは「人」）になっている。もともと座布団が盛んに作られていた関西のY字型のほうが、作業に手間がかかる。おそらく関東で作られるようになったときに、簡略化されて十字になったのだろう。

すべて手作業で作られる「わたや森」の座布団

撮影にご協力いただいたのは、東京都江東区にある「わたや森」。普段こちらで作られている座布団の綴じ糸はすべて十字か×ですが、今回撮影のために特別Y字のものを作ってくださいました。こちらの座布団は、すべて手作業によって作られるもの。ひとつの座布団をおよそ20分かけて職人さんが丁寧に作られるのですが、写真のもので3080円と驚くほどに安い。手縫いだからこそ、足に沿うような曲線が生まれて足も痺れにくいそうです。インターネットで購入可能です。ぜひ。

東の七味唐辛子

西の七味唐辛子

唐辛子が印象的なのが「東の七味唐辛子」

山椒が印象的なのが「西の七味唐辛子」

蕎麦やうどんに振りかける「七味唐辛子」の「七味」とは、唐辛子をベースにした数種の薬味から成り立つものと定義されている。つまり７つの要素すべてが決まっているわけではなく、地域や製造元によって様々な違いがあるのだ。写真の「東の七味唐辛子」は、東京都台東区の「やげん堀七味唐辛子本舗」のもの。原材料名には《黒ごま・焼唐辛子・陳皮（みかんの皮）・山椒・けしの実・麻の実・唐辛子》と書かれており、全体として唐辛子の赤が印象的。一方「西の七味唐辛子」は、京都市東山区の「七味家本舗」のもの。こちらの原材料名には《唐がらし・白胡麻・黒胡麻・山椒・青のり・青紫蘇・おのみ》と記されており、全体として山椒の黒が際立っている。

これぞ日本三大七味唐辛子

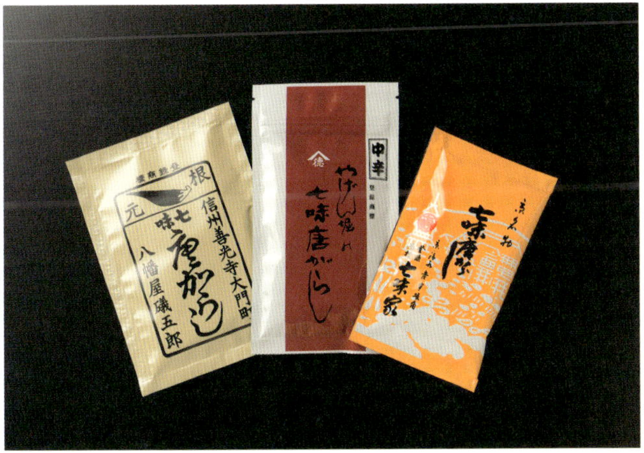

東京の「やげん堀七味唐辛子本舗」と京都の「七味家本舗」、これに長野の善光寺名物として知られる「八幡屋礒五郎」を加えた３つが「日本三大七味唐辛子」と呼ばれている。今回、実際に味わってみようとこれらを買いそろえ、食卓に麺類が上るたびにこの３種を使ってみたのですが、実に贅沢、実に楽しい。みなさんも「三大七味」揃えてみてください。おすすめです。

東の実業家

西の実業家

渋沢栄一が「東の実業家」

五代友厚が「西の実業家」

日本の近代化に大きく貢献した二人の実業家を「東の渋沢、西の五代」と並び称することがある。この「渋沢」とは、1840年に武蔵（現・埼玉県深谷市）に生まれた渋沢栄一で、その銅像は東京都千代田区の常盤橋公園にある。一方「五代」とは、1836年に薩摩（現・鹿児島県）に生まれた五代友厚で、その銅像は大阪市中央区の「大阪取引所」の前に見ることができる。渋沢栄一は、日本初の銀行である第一国立銀行や、東京海上保険、東京ガスなど、主に東京を拠点とする企業の設立に大きく寄与した。一方、五代友厚は、大阪商工会議所の初代会頭を務め、大阪商船や大阪青銅会社などの設立に関わり「大阪の恩人」と呼ばれている。

日本銀行大阪支店は五代友厚旧邸に建つ

2015年の秋から放送されたNHK連続テレビ小説『あさが来た』に登場した五代友厚が人気を集めたことで、大阪取引所の前にある銅像は一時期ちょっとした観光スポットになっていました。なお、五代の銅像は、大阪商工会議所（大阪市中央区）の前でも見ることができます。また、写真は大阪市北区にある日本銀行大阪支店ですが、ここは五代友厚の旧邸跡に当たる場所。大阪市には「恩人・五代」にゆかりの場所が多数あるのです。

うなぎにトースト、肉じゃがも違います

〜 まだある関東と関西の違い 〜

本書では主に「関東と関西の違い」を写真で紹介していますが、扱わなかったものもたくさんあるので、そのいくつかをご紹介します。

まず「うなぎ」。うなぎは関東では背中から開き、関西では腹から開く。また、関東では、うなぎを蒸してから本焼きするのでふっくらしており、関西ではそのまま焼くのでパリッと香ばしい——。こういった違いがあることは、みなさんもご存知のことだと思いますが、うなぎを関東流、関西流の両スタイルで提供するお店に問い合わせたところ「食べるとはっきり違いがわかるけど、見た目はねぇ、それほど変わらないんだよねぇ」とのこと。実際に、それぞれの本場で撮影すれば違いがあるのかも……とも思ったのですが、今回は見送ることに。また「すき焼き」も割り下で煮て食べる関東式と、焼いて食べる関西式がありますが、これも１枚の写真ではそれほど違いがわからないのかもと撮影しませんでした。

好まれる食パンの厚さも違います。関西では「４枚切り」や「５枚切り」といった厚めのもの

が好まれるのに対して、関東では「6枚切り」や「8枚切り」といった薄いものが好まれる。トーストすれば、ふかふかの関西に対して、カリカリの関東という構図で、うなぎの好みとはなんとなく反対の嗜好があるのです。

また、トイレットペーパーのシングルとダブルの好みも関東と関西では分かれ、関西では前者が、関東では後者が人気だそうです。ダブルは二枚重ねなので肌触りがよい分、シングルの半分の長さしかありません。関西は、お金に厳しいので、長く使えるシングルを愛用するのかなとも考えられますが、理由は定かではありません。それに必ずしも「関西＝ケチ」というわけでもありません。というのは、肉の中でもっとも高価な牛肉の消費量は関東よりも関西のほうが圧倒的に多いのです。

そもそも関西で「肉」といえば牛肉を指し、肉じゃがも肉豆腐も牛肉が使われるのが普通。牛肉ではなく豚肉を使う中華まんは「肉まん」ではなく「豚まん」と呼ばれるのが通例です。これに対して関東の肉じゃがは豚肉を使うのが一般的で「関西＝牛肉文化／関東＝豚肉文化」という図式が成り立ちます。そういえば、関西出身の私は肉まんにカラシを付けて食べたい派なのですが、これも関西の文化のようですね。たしかに東京では、肉まんにカラシは付いてこないのです。カラシちょうだい。

東西の違いを語るときに、必ず挙がるのが「エスカレーター」でどちらを空けるのかという問題。ただ右に立つのは、大阪と兵庫、奈良、和歌山などで、西日本一帯が右に立つというわけでもないのです。この問題『かつて誰も調べなかった100の謎』（堀井憲一郎・著／文藝春秋）に詳しいので、より知りたい方はご一読ください。

東の消防紋章

西の消防紋章

中央の円が小さいのが「東の消防紋章」

中央の円が大きいのが「西の消防紋章」

消防署に掲げられている「消防紋章」も、写真のように東と西で若干の違いがある。この２つの紋章は、どちらも福井県にある「株式会社廣部硬器」が手掛けたもの。セラミックスの造形を行なう同社では、もともと関西型の紋章だけを製作していたが、15年ほど前「東京消防庁に消防紋章の正式な図面がある」と知り、この図面を基にした新たな紋章を製作。その後、これが東京消防庁の指定採用品となり、北海道から長野、新潟、静岡あたりまでが使う「関東型」に。従来のものが、富山、愛知、岐阜以西が使う「関西型」になったという。なお、この消防紋章は、雪の結晶の形がベースになっており、これに水管や放出される水柱などを配したデザインになっている。

警察紋章も手掛ける「株式会社廣部硬器」

取材にご協力いただいた「株式会社廣部硬器」が消防紋章を作り始めたのは、もともと木や金属で作られていた警察紋章が朽ちたり錆びるなどして長持ちしないのを知って、セラミックス（焼き物）で作り始めたことに起因する。その後、この警察紋章が採用されたことを受けて、消防紋章の製作を始めたという。消防紋章は、雪の結晶をベースにデザインされているが、警察紋章は、昇る朝日と日差しをデザインしたものです。

東の縄文土器

西の縄文土器

立体的な飾りがあるのが「東の縄文土器」

形と文様がシンプルなのが「西の縄文土器」

縄文時代に用いられた「縄文土器」にも地域ごとに特徴があり、その違いを東西でいえば「立体的な飾りなどがあって派手なのが東の土器」で「形と文様がシンプルなのが西の土器」となる。写真の東の土器は、栃木県那須塩原市の槻沢遺跡（つきのきざわいせき）から出土したおよそ4900年前のもの。西の土器は、岡山県倉敷市の里木貝塚（さとぎかいづか）から出土したおよそ4800年前のもの。このように東の土器に装飾が多いのは、西に比べて東の方が人口も多く、通年的な定住生活が行なわれたために社会が複雑化しており、それに伴って呪術などの精神文化がより発達したためと考えられている。

全国の縄文土器が一望できる「国立歴史民俗博物館」

撮影にご協力いただいたのは、千葉県佐倉市にある「国立歴史民俗博物館」。「原始・古代」から「現代」まで6つの展示室から構成される巨大な歴史博物館で、縄文土器は全国のものが一括展示されており、地域の特性が一望できる作りになっている。おそらくこのように土器が展示されているところは他になく、考古学ファンならずとも必見です。京成佐倉駅からバス5分、あるいは徒歩15分。毎週月曜休館。その他、開館時間などの詳細はホームページ（http://www.rekihaku.ac.jp）をご覧ください。

＊「東の縄文土器」として紹介したものは、「那須野が原博物館」の所蔵品を「国立歴史民俗博物館」が借り受けて展示しているもの。
一方「西の縄文土器」として紹介したものは、「倉敷考古館」に原品があるものの複製品です。

東の関

西の関

「東の関」は箱根の関

「西の関」は逢坂の関

現在「関東」「関西」というのは、一定の地域を指すことばとして使われているが、もともとは「関所の東側」と「関所の西側」を意味していた。その関所とは、東は「箱根の関」（現在の神奈川県足柄下郡箱根町）で、西は「逢坂（おうさか）の関」（現在の滋賀県大津市大谷町）である。ただし平安時代から中世までは、東海道の要所である逢坂の関より西を関西、これより東を関東と呼んでいた。これが東海道の往来が増え、箱根の関所の重要度が増す中世以降は、箱根の関より東を関東と呼ぶようになり、江戸に幕府が開かれると、現在の関東地方にあたる地域を関東と呼ぶようになった。このように関東と関西が指すものは、時代とともに移り変わってきたのである。

逢坂の関にある「関蝉丸神社」

現在、かつて箱根の関所があった場所のそばには「箱根関所資料館」があり、展示物などによって当時の様子を知ることができる。一方、逢坂の関のそばにあるのが「関蝉丸神社」。「逢坂の関」といえば《これやこの 行くも帰るも 別れては 知るも知らぬも 逢坂の関》という百人一首の歌を思い出す人も多いだろうが、この歌を詠んだ蝉丸はこの地にある逢坂山に住んだことがあり、この神社にも祀られているのです。

拝殿越しに「関蝉丸神社」の本殿を見る。良い感じの光に包まれた

突然現れたアメリカンショートヘア。慣れた様子で歩いて行った

こぢんまりとした大谷駅

その2

西の「関」の近くには うなぎの店と関蝉丸神社

逢坂の関跡は、国宝や重要文化財を多く所蔵する三井寺のすぐ近く。国道1号線沿いにあるのは、石碑と後に建てられたであろう常夜灯のみで、とても絵になりにくいカメラマン泣かせの被写体だった。

そのまま撮るだけでは、見応えのない被写体の場合、小さなストロボでライティングをして撮影している。昼なのに夜っぽかったり、不思議な方向に影ができていたりしたら「あぁ山出、頑張ってんな」と思って下さい。

逢坂の関跡の周辺は、京阪京津線の大谷駅があり、うなぎを食べさせるお店が数軒並んでいる。そして「関蝉丸神社」がある。石段を登ると立派な拝殿と、こぢんまりした本殿が直線で結ばれ、逆光気味に射す光が神々しい。ローアングルで奥行きを出して撮ろうと腹ばいになってカメラを覗くと、ファインダーの中を何かが横切った。白蛇、せめて白猫ならば吉兆を感じたものの、そこにいたのはアメリカンショートヘア、尻尾をくねらせて本殿を暫く眺めた後、ブッシュの中に消えていった。

（文と写真・山出高士）

鰻屋さんにあった門松。関西のものは関東に比べて彩り豊か

大津側から坂を登りきったところが関の跡地。交通量も多く流れが速いのでうっかり通過に注意

「急がば回れ」の語源にもなった「瀬田の唐橋」からも近い

東の線香花火

西の線香花火

紙で作られているのが「東の線香花火」

藁で作られているのが「西の線香花火」

全国一律、どこでも同じ形と思われる線香花火にも、歴史をさかのぼれば東と西の違いがある。まず、稲作が盛んであった関西では、藁（わら）が豊富にあったため「ワラスボ」と呼ばれる稲藁の固い芯の部分を使った線香花火が主流であった。一方、稲作があまり普及せず、紙すきが盛んであった関東では紙で火薬を包んだ線香花火が主流だった。写真は、そんな当時の姿を現代に残している「筒井時正玩具花火製造所」の線香花火「長手牡丹」（東）と「スボ手牡丹」（西）。

東西の線香花火を作る「筒井時正玩具花火製造所」

撮影にご協力いただいた「筒井時正玩具花火製造所」は、福岡県みやま市にある子ども向け玩具花火の製造所。現在、国産線香花火の製造所は、同社を含めて3社しかなく、また藁を使った昔ながらの西型の線香花火を作るのは同社のみという。撮影した東西の花火は、遊び方も若干異なり、東の花火は下に向けて燃やすのに対して、西の花火は火先を上向きにする。どちらの花火も、着火から散り際まで様々な表情を見せてくれる見事な逸品。同社のホームページに購入方法の記載があります。

東のぜんざい

西のぜんざい

汁気があるのが「西のぜんざい」

汁気のないのが「東のぜんざい」

甘味の「ぜんざい」も、東西で供されるものが異なっているもののひとつ。西の「ぜんざい」といえば「粒あん」を使った汁気のある甘味のことだが、東の「ぜんざい」は、写真のように汁気のない甘味を指す。「ぜんざい」に似た甘味に「おしるこ」があるが、これは関西では汁気のある甘味に「こしあん」を使ったもののこと。これが関東では「汁気のある甘味」のすべてを指している。汁ものだから「おしるこ」というわけだ。

歴史ある風情の「梅園」と「甘味どころ ぎをん小森」

東のぜんざいの撮影にご協力くださったのは東京・浅草にある「梅園」。写真の同店の「あわぜんざい」は、江戸時代から浅草観光の定番として親しまれており、じっくり炊かれたこしあんの旨味が存分に味わえる一杯。一方、西のぜんざいの撮影にご協力いただいたのは「甘味どころ ぎをん小森」。写真は同店の「くり・もちぜんざい」。古くからお茶屋だった建物を利用したお店では、京都らしい風情が楽しめます。添えられたさくらの塩漬けからも京都らしさを感じられる一杯でした。

東の扇子

西の扇子

骨の少ないのが「東の扇子」

骨の多いのが「西の扇子」

舞踊や茶席でも用いられるなど、単なる「風をおこす道具」だけでなく古くから日本の文化に根付いてきた扇子。その産地は、古来より京都が有名で、西の京扇子は扇骨（せんこつ）と呼ばれる扇の骨が35本あるのが一般的（写真は45本のもの）。これに対して東京で作られる江戸扇子は15本が一般的と、扇骨の数が東より西が多いのが特徴となっている。また、京扇子は分業制で作られるのに対して、江戸扇子は30近い工程のすべてを1人で行なっている。そのため修業に時間がかかることもあり、江戸扇子の作り手はとても少ないのが現状だ。

うちわと扇子の専門店
「株式会社　松根屋」

取材にご協力いただいたのは、東京・浅草橋にあるうちわと扇子の専門店「株式会社 松根屋」。写真の扇子は共に女性用で、男性用はこれよりも大きいものになる。大正３年創業の同店は、多種多様の扇子を販売するだけでなく、扇子の修理も請け負っている。昨今は、外国人のお客さんも年々増加中だとか。軽くて日本情緒ある扇子は海外へのお土産に大人気なのです。

東の銭湯

西の銭湯

湯船が奥にあるのが「東の銭湯」

湯船が中央にあるのが「西の銭湯」

関東と関西では、銭湯の湯船の位置が異なっており、関東の銭湯では浴場の奥に、関西では浴場の中央にある。理由は諸説あるが、肉体労働者が多かった関東では、体についた汗や泥を洗い流してから湯船につかるので奥に、一方、商人が多かった関西では、体を温めてから体を洗うので湯船を中央に据えたという説が有力のように思われる。ただ、湯船を中央に据えるのは配管などの構造が複雑になるということもあり、関西でも中央に湯船のある銭湯は年々減りつつある。

いずれも貴重な神楽坂「熱海湯」と京都「竹殿湯」

関東の銭湯の撮影にご協力いただいたのは東京・神楽坂にある「熱海湯」。４年ごとに塗り直されるというペンキで描かれた富士山も見事なこちらの銭湯は、奥に湯船のある正統派の東の銭湯。一方、西の銭湯の撮影にご協力いただいたのは京都市北区にある「竹殿湯」。大正時代から続くこちらの銭湯は、改装しても湯船を中央に置き続け、関西の銭湯の特徴を今に伝えています。

関西の表札は大きく、ケロリンの桶は小さい

〜 サイズが異なる東と西 〜

関東と関西では、同じものでもサイズが異なるというものがいくつかあります。

まず、もっとも広く知られているのは畳でしょう。畳は、関西で用いられる「京間」の方が関東で使われる「江戸間」よりも、長い辺で15センチほど大きくなっています。この違いを生んだ要因はいくつかありますが、そのひとつに京間の大きさが規定された時代よりも、江戸間の大きさが規定された後の時代のほうが、1間（「けん」。畳の長辺とほぼ同じ長さ）の寸法が短くなったことが挙げられます。一説によると、同単位の寸法を短くすれば、その分だけ年貢もたくさん取ることができると、徳川家康が変更したといわれています。

同じように、関西のほうが関東よりも大きいとされるものに表札があります。江戸時代、商家の多い関西では見栄えを競うように表札は大きくなり、粋を好む関東では小ぶりのものが好まれた――。という話があるのですが、現在では同じ規格のものが全国で流通しているので、昔ほどその

差はないと思います。ただ「関西の表札、大きいかな？」と歩いてみたところ、東京ではあまり見ないような大きな表札を何度か見かけたので、この違い、今でも若干残っているのではないでしょうか。

一方、関西よりも関東のほうが大きいものに、骨壺があります。これは、関東では遺骨のすべてを骨壺に納めるのでサイズが大きい。対して、関西では、喉仏などの主要な遺骨のみを納めるために２寸（7.6センチ）ほど小さくなっているそうです。

意外なところでは、銭湯の風呂桶の大きさも関西の方が小さいのです。P94の「銭湯」の項目でも触れましたが、もともと関東では体を洗ってから湯船につかる。一方、関西ではまず湯船で体を温めてから体を洗うという違いがありました。このため関西では、風呂桶を使って湯船の湯を汲んで体にかける「かかり湯」をするため、大きな桶だと重くて使いにくい、またお湯がもったいないという理由から、関東のものよりも小さくなっているのです。銭湯における風呂桶の代名詞ともいえる「ケロリン桶」も、関東用と関西用ではサイズ違いで作られており、インターネット上の「ケロリンファン倶楽部」というサイトでは、関東型と関西型の両方が販売されています。

「関西の表札は大きいのかな？」と思いながら、京都を歩いているときに、しばしば目撃した「鍾馗（しょうき）さん」。魔よけ、厄よけ、学業成就のために飾られているもので、もとは中国に伝わる神様。いろんな造形があって、眺めるのがなかなか楽しい。京都散策の折には、ぜひ探してみてください。

TAXI
TEITO GROUP
無線 2840
通交福七京東
Tokyo Shichifuku Group
TAXI
大和

東のタクシー

西のタクシー

カラフルなのが「東のタクシー」

黒が主流なのが「西のタクシー」

東京から大阪に、あるいは大阪から東京に来た人が「あれ？」と思うのがタクシーの色の違いではないだろうか。JR東京駅前で撮った「東のタクシー」は、ご覧のように色彩豊かで実にカラフル。一方、JR大阪駅前で撮った「西のタクシー」は、黒いタクシーが過半数を越えている。こうした違いを生んだ要因としては「ハイヤー」の存在が挙げられている。完全予約制で流し営業をしない「ハイヤー」は、高級感を打ち出すために黒い車両を用いるのが一般的。しかし、関西などではハイヤーの数が充分ではないので、タクシーがハイヤーの代役となることもあり、黒い車両が増えたという。黒い車両であれば、冠婚葬祭で使うこともできるという汎用性も地方で好まれる一因だろうか。

姫路はすべて黒かった

関西のタクシーは真っ黒なはず！　そう思って大阪駅に赴いたものの、たしかに黒いけれどカラフルなものもちらほら。また東京駅も、たしかにカラフルだけれど、黒いタクシーもちらほら。さすがに真っ黒ということはないのかと思っていたところ、取材途中に訪れた姫路駅でビックリ。ご覧のように完全なる真っ黒。うーん嬉しい。このタクシーの色の分布も、もっと詳しく調べるとかなり地域性がありそうです。

東のタマゴサンド

西のタマゴサンド

ゆで卵を使うのが「東のタマゴサンド」

玉子を焼いて使うのが「西のタマゴサンド」

サンドウィッチの定番といえば「タマゴサンド」だが、ここにも東西の違いをみることができる。関東のタマゴサンド（というか全国的にポピュラーなの）は、ゆで卵をつぶしてマヨネーズをあえたもの。しかし、関西では焼いた玉子を挟んだタマゴサンドが珍しくない。この「焼いた玉子」には様々なスタイルがあり、いわゆる玉子焼きもあればスクランブルエッグもある。またパンもトーストしたりしなかったりと多種多様。ただし関西でも、ゆで卵をつぶしたタマゴサンドも普通に食されている。

両スタイルのタマゴサンドが味わえる「COFFEE HOUSE maki」

撮影にご協力いただいたのは京都市上京区、出町柳にある「COFFEE HOUSE maki」。東と西の両スタイルのタマゴサンドを味わうことのできる同店の関西風タマゴサンドは「和風タマゴトースト」として供されているトーストされたタマゴサンド。海苔やカツオ節を挟んだ和の味わいは、このお店のオリジナルだ。下鴨神社に近い同店では、地元の人は西のスタイルを、観光客の方は東のスタイルを好む傾向にあるそうですが、ぜひ京都観光で立ち寄った際にも西のタマゴサンドを召し上がってみてください。トーストされたパンと玉子焼きの相性が抜群なのです。

東の玉子焼き器

西の玉子焼き器

長方形なのが「西の玉子焼き器」

正方形なのが「東の玉子焼き器」

「玉子焼き器」といえば、多くの人が長方形のものを想像するだろうが、これは西型とされるもの。柔らかな食感の玉子焼きが好まれる関西では、何度も返して作るので、このような形になっている。一方、西型に対して東型とされるのは、正方形で蓋（ふた）が付いているもの。これは何度も返さず弱火でじっくり焼いて、最後はこの蓋に落とし受けるようになっている。多くの料理本で紹介される玉子焼きの作り方は、西型の玉子焼き器を使ったもののため、現在、家庭で用いられる大半の玉子焼き器は西型だという。

東型で作った玉子焼きを食べてみた

「もしかしたら東型で作った玉子焼きを食べたことがないかもしれない……」。そう思っていたところ、P116の「ちらし寿司」で撮影にご協力いただいた東京・日本橋にある「蛇の市本店」さんが作ってくださるというので、テイクアウトしていただいてみました。カステラのように甘いのですが、決してしつこくありません。また中に入っている海老の香りがとても豊か。たしかに西型で作られる玉子焼きとは大きく異なる味わいでした。この東型で作られる玉子焼きは、手間がかかるところもあり年々減っているそうです。機会があれば、ぜひ食べてみてください。

東のだるま

西のだるま

黒目がないのが「東のだるま」

鉢巻きをしているのが「西のだるま」

日本中で広く愛されている「だるま」にも、関東と関西の違いがある。「だるま」といえば、選挙で当選するなど願いが叶ったときに「目を黒く塗るもの」というイメージが強いかもしれないが、これに用いられる「目なしだるま」は関東に多いもの。これに対して関西に多いのは、頭に鉢巻きをしたものだ。また、女性がモデルの「女だるま」は四国や九州に多く、山梨県の甲府市には白いだるま、宮城県の仙台市には顔の周りが群青色のだるまが存在するなど、実に地域色が豊かなのである。

国内外9万点以上のオモチャを収蔵「日本玩具博物館」

この「だるま」とP42の「コマ」の撮影にご協力いただいたのは兵庫県姫路市にある「日本玩具博物館」。国内外の郷土玩具や近代玩具、伝統人形など9万点を超える資料が収蔵されている博物館の原点は、館長である井上重義さんが個人的に始めた資料収集だったそうです。収蔵品の素晴らしさはもちろんですが、白壁土蔵作りの6棟の建物もとても美しく見事です。JR姫路駅から在来線で15分の香呂駅にありますが、姫路城観光から一足伸ばす価値は大いにある貴重な博物館。ぜひ訪れてみてください。

東のちらし寿司

西のちらし寿司

生の魚介類を使うのが「東のちらし寿司」

生の魚介類を使わないのが「西のちらし寿司」

酢飯の上に寿司ネタを乗せた「ちらし寿司」は、関東と関西では大きく様相が異なる。まず、東のちらし寿司は、生の魚介類をふんだんに用いたもの。一方、西のちらし寿司は、生の魚介類を用いないのが一般的だ。なお、ちらし寿司と似たものに「バラ寿司」があり、辞書などでは同じものを意味しているケースが多い。ただ、この「バラ」とは刺身の切れ端などを細かく刻んだものを意味しており、「ちらし」よりも魚介類を細かく刻んで混ぜたものを指すという説もある。

東西ちらし寿司の逸品は食べて美味しく見て楽しい

東のちらし寿司の撮影にご協力いただいたのは、東京・日本橋にある「蛇の市本店」。同店の「特上ばらちらし」は、シャリに砂糖を用いない江戸前方式で作られている。一方、西のちらし寿司の撮影でご協力いただいたのは「京のすし処 末廣」。200年以上に渡って作られている同店の「京風ちらし寿司」は、生ものが入っていないまさに関西スタイル。どちらも美味しいだけでなく、見ても楽しいちらし寿司でした。

東京一年生に伝えたい「東京の勘所」

～ 東京の地下鉄はなぜわかりにくいのか ～

今回、東京の路線図と大阪の路線図を見比べてみて**《東京の真ん中に皇居があることを意識する》**ことは、東京という都市を理解する「勘所」だと気づきました。よく「東京の地下鉄はわかりづらい」といわれますが、この問題もこの勘所を知れば、理解が進むと思います。

大阪の地下鉄というのは、路線図を見てもらえればわかるのですが、実に整然としています。碁盤の目のように規則正しく複数の路線が走っていて、とてもわかりやすい。これに対して東京の地下鉄は、同じ都心でも、駅が密集しているところがあると思えば、駅間が長いところもあってわかりにくい。こういった不規則さを理解するために意識したいのが皇居の存在。東京、昔の江戸は江戸城を中心に栄えていきますが、この江戸城が現在の皇居。つまり東京の中心には皇居があり、この地下には地下鉄は走っていません。東京の中心には地下鉄を通すことができない場所がある。もちろんクルマも通ることができない。この勘所を知るだけで、東京の地理に対する理解はだいぶ進むと思うのです。こういった「東京の勘所」というのは、他にもいろいろあります。

《東京は意外と歩ける》

東京という大都会の「大」の部分に圧倒され、

とかく東京は「大きいところ」と思いがちですが、そんなことはありません。銀座から東京駅など、電車に乗るより歩いたほうが早いというケースも少なくありませんし、新宿から渋谷なども1時間かかることなく歩くことができます。「意外と歩けるな」という意識がもてれば、地震などの災害時に電車が止まっても「じゃあ歩こうか」と心にゆとりができるはずです。

《東京は、冷たいんじゃなくて緊張しているだけ》

これは「私の東京物語」と題するコラム（『東京新聞』2016/3/27）で又吉直樹さんが書いていたフレーズなのですが、これも東京の勘所のひとつだと思います。もし東京で、知らない人が突然声をかけてきても、あなたをあまり幸せにしないかもしれません。それを知ってる人たちは、どうしても緊張しているのだけれど、決してみんなが冷たいわけではないのです。

《東京は外に出て初めて家賃に見合う場所となる》

私がこれから東京で暮らし始める人に伝えたい東京の勘所はこれです。東京というのは、あちこちを訪ね歩き、そこにあるコミュニティに参加してこそ価値がある。他より高い家賃を払う意味があると思うのです。好きな絵があれば、それが飾られた美術館がある。何か趣味ができれば、それを語り合うコミュニティがある。これが東京という大都市の大きなメリット。家の中にいるだけでは、東京の価値はわからない。外に出て、いっぱい歩きまわってください。

今の皇居といえば、ジョギングスポットとしても名高いところ。今回、東京の路線図を過去のものも含めたくさん見たのですが、中央に皇居を描いているものとそうでないものが混在してるんですね。路線だけ見ても理解できないことがあるので、ぜひ皇居は描いて欲しいと思うのです。

くらべる東西

Part 3

な行　は行
ま行　や行
ら行

東のねぎ

西のねぎ

白いのが「東のねぎ」

青いのが「西のねぎ」

日々の食卓に欠かせない野菜の「ねぎ」は、関東と関西で使われるものがはっきり分かれる食材のひとつ。東のねぎといえば、大半が白く太い筒状のいわゆる「白ねぎ」。一方、西のねぎといえば、細くて青々とした葉のいわゆる「青ねぎ」である。写真の「東のねぎ」は、白ねぎが大切なアクセントになっている関東の「鴨南蛮そば」。供している東京・品川の「しながわ翁」では、青いところは使わず、白いところを焼いて甘みを引き出してから蕎麦に乗せるという。一方「西のねぎ」は、青ねぎをふんだんに用いた「ねぎうどん」。提供している京都の「祇をん 萬屋」では、この一杯に青ねぎを7～8本も使っており「ねぎのしゃぶしゃぶ」を食べているような感覚になる。

東西のねぎは「麺」で味わってはいかが？

西のねぎで撮影させていただいた「祇をん 萬屋」の「ねぎうどん」は、青ねぎだけでなく生姜もぜいたくに入った一杯。食べれば体温も一気に上がり、風邪なども吹き飛ばしてくれるはずです。一方、東のねぎで撮影協力をいただいた「しながわ翁」は、蕎麦だけでなく焼きみそや玉子焼きといったおつまみも人気のお店。次は仕事ではなく、飲みに来たいなぁと撮影しながらずっと思っておりました。

東のネコ

西のネコ

カギ形の尻尾が多いのが「東のネコ」

真っすぐな形の尻尾が多いのが「西のネコ」

尻尾の先が曲がっているネコ、一般に「カギ尻尾」と呼ばれるネコは、関西に少なく、関東に多いという話がある。こんな不思議な分布が生まれた背景には、一説によると「猫又（ねこまた）」という化け猫伝説が関与しているとされる。猫又とは、尻尾が２つに分かれている化け猫で、尻尾が長い猫が長生きすると（20年以上といわれる）、これに化けるとされた。このため、この猫又伝説が強く信じられていた江戸では、尻尾の短い猫や尾が曲がっている猫が広く飼われたという。なお、カギ尻尾のネコは海外から来たものがその祖先とされる。長崎には、カギ尻尾のネコが多いとされるが、これは江戸時代、この地が海外との交易の窓口であったためである。

狛犬の尻尾も違います

ネコだけでなく、神社に鎮座する狛犬の尻尾も関東と関西で違う。関東の狛犬の尻尾は、写真のように左右に流れるようなものを多く見受けるが、これは関西ではほとんど見ることができない。一方、関西の狛犬の尻尾は、上を向いているものがほとんど。今回、関東と関西で狛犬の尻尾をたくさん見ましたが、その造形は様々でなかなか面白い。旅の折など、ぜひ観察してみてください。

東ののれん

西ののれん

上の辺が輪っか状なのが「東ののれん」

上の辺が袋状なのが「西ののれん」

店先に掲げる「のれん」にも、関東と関西では微妙な違いがある。そのポイントは、のれんの吊るし方にあり、上部の輪っか状にした布（「乳（ち）」と呼ばれる）を棒に通して吊るすのが関東風。これに対して上部を袋状に縫い付け、ここに棒を通して吊るすのが関西風とされる。観察してみると関東は、ほぼ関東型だが、関西には関東型もちらほら見かけるといった印象だろうか。こういった違いが生まれた背景には、関東は「顕す（あらわす）」文化であるのに対し、京都を中心とする関西は「隠す」文化であるという説がある。

味わいある「のれん」が連なる東京神田淡路町

関西の「のれん」としてご紹介したのは、P14の「おでん」でも撮影協力いただいた京都の「蛸長」。一方、関東の「のれん」としてご紹介したのは、東京神田の老舗甘味処「竹むら」。この「竹むら」がある神田の淡路町は、あんこう鍋の「いせ源」に、鳥すき鍋の「ぼたん」など、名店が立ち並ぶ極上空間。この界隈の歴史ある建物でいただくお酒は絶品です。ぜひ。

東のひなあられ

西のひなあられ

しょう油などで味付けした あられが「西のひなあられ」

砂糖などで味付けした ポン菓子が「東のひなあられ」

ひな祭りに欠かせない「ひなあられ」は、関東と関西でその味わいが大きく異なるもののひとつ。まず、東のひなあられは、米をポンと爆（は）ぜて作るいわゆる「ポン菓子」。これを砂糖などで味付けするので、甘いお菓子がひなあられというわけだ。一方、関西のひなあられといえば、しょう油や青のりなどで味付けたいわゆる「あられ」である。現在、全国的には東のものが主流で、辞書にもこのスタイルで紹介されている。ただ、ひな祭りに欠かせない「菱餅（ひしもち）」を屋外で食べられるようにと、これを砕いて作ったのがひなあられの始まりという説があり、これによれば餅米から作られる「あられ」の西型のほうが、昔からの伝統に基づいた形といえるだろう。

節分にまくのはどっち？

「ひなあられ」のように年中行事のスタイルに多様性が見られるのが「節分に何をまくか」。「鬼は外、福は内」というかけ声とともにまくのは当然「豆」ですが、どんな豆かに地域性があるのです。多くの人は写真右の「煎り大豆」を頭に浮かべるでしょうが、東北や北海道では、写真左の「落花生」をまく地域が少なくありません。「鬼は落花生を嫌がるの？」と、その武器としての能力に疑問をもってしまうのですが、「まいた後に片付けるのが楽ですよ！」という意見には「たしかに……」と納得してしまいます。あなたの地域では、節分で何をまきますか？

カレーうどん違いません?

～ 定かではないけど違う気がするもの ～

今回、「関東と関西で何が違う?」と聞いて回ったところ「関西は帽子をかぶっている人が多い!」と断言する友達がいて思わずプッと吹き出しました。単なる印象なのに、そこまで言いきっちゃうのが面白い(でもわかる。そんな気がします)。

ただ私にも、定かではないけど東西で違う気がするものがあるのです。

たとえばカレーうどん。私は、京都で生まれ育ったのですが、当時のカレーうどんといえば、カレーをうどん玉にかけたもの。前日、カレーライスだったら、次のお昼はうどん玉にカレーをかけて「はい、カレーうどん」。我が家だけのレシピというわけでもなく、学校の学食のカレーうどんもこのスタイルだったので、ずっとこれがカレーうどんだと思っていました。しかし東京で食べたカレーうどんは、出汁で溶いたものばかり。それでカレーをかけただけのカレーうどんは関西スタイル! そう思っていて、今回、少し調べたらどうも京都でも出汁で溶いたタイプが少なくない模様。さすがにカレーをかけただけの代物をお店で出すのは気が引けて、なんとなく関東スタイルになっていると読んだのですが、違いますかね。

カレーうどんは、つゆを張ったうどんにカレーをかけたものもあり、意外とバリエーションは豊富。きっと細かく調べれば、かなり地域性のある食べ物だと思います。

カレーといえば、これをかき混ぜて食べるのは、関西スタイルのようですね。カレーに生卵をかけて、かき混ぜて食べる。関西ではごく普通の食べ方だと思っていましたが、上京直後は「え～」と驚かれた経験も少なくありませんでした。大阪の「自由軒」という老舗洋食屋さんが、カレーに生卵を乗せ混ぜて食べたことが、この始まりとされています。

山出カメラマンとおでんをつついているときに「違う気がしますね」と思い至ったのが「菜箸文化」の違い。関西では、わりと大皿なども直箸でつつきあう気がしますが、東京だと、菜箸を使って取り分けるケースが多いように思う。鍋も直箸で食べたりしませんよね。「他所から来た人が集う東京」では、「自分は直箸でもいいけど他の人は嫌がるかな……」という意識が働いて菜箸文化になったのでしょうか。

関西で何度か見かけた「4」のない駐車場。なぜ「4」がないかといえば「シ」と読めるので「死」を連想するから。この駐車場では「9」も欠番になっていました。これは「苦」を連想して縁起が悪いから。昔は、当たり前のように部屋の番号なども「4」と「9」は欠番になっていましたが、今ではあまり見かけませんね。

あと今回、関西を取材していて番号に「4」がない駐車場を何度か見かけたのですが、これ、あまり東京で見かけないような気がしました。ただ、東京では合理性を尊ぶ大手資本が駐車場業界にもバンバン参入しているから、こういった迷信めいたものが残る余地がないだけなのかもしれません。

東のひな人形

西のひな人形

切れ長の目が「西のひな人形」

ぱっちりした目が「東のひな人形」

３月３日の「桃の節句」に飾るひな人形の顔にも、関東で好まれるもの、関西で好まれるものという違いがある。まず関東で好まれるのは、ぱっちりした目の可愛らしい顔だち。一方関西、とりわけ京都で好まれるのは、目が切れ長のお公家さん風の顔だちである。また、お殿様とお姫様（男びなと女びな）の並べ方にも違いがあり、お殿様を京都では向かって右、関東では向かって左に並べるのが一般的。これは古来、日本では左大臣が上位であるように左（向かって右）の格が高いとされてきたので、京都ではこれに倣っている。一方、西洋では右（向かって左）が上位とされ、昭和天皇が即位の礼に際してこの西洋のスタイルを取ったことから、関東のひな人形の並べ方はこれに倣っているという。

「人形の久月」でも現代風の顔が人気

撮影にご協力いただいたのは「江戸時代よりの人形専門店」という「人形の久月」。取材に伺った東京・浅草橋総本店には、様々な種類のひな人形が並んでいましたが、そのなかでも昨今人気というのが、写真のより現代風な顔立ちの品。伝統的なひな人形とはかなり趣きも異なりますが、人の好みもこのように変わっていくのでしょう。我が家の娘（５歳）も「これが欲しい」と申しておりました。

東の火鉢

西の火鉢

縁があるのが「西の火鉢」

縁がないのが「東の火鉢」

手をかざして暖をとる日本の火鉢にも、東と西では形状の違いが見られる。まず西の「関西火鉢」は、炉の周辺に10センチほどの縁が付けられており、ここに湯呑みや茶碗を置くなどしてみんなで囲むことができる。これに対して「関東火鉢」と呼ばれる東のものには縁がなく、使うのは一人、ないしは二人で、写真の手前が上座、反対側が下座という区別もある。寒冷地の関東の家には、囲炉裏があるため火鉢は個人用の暖房器具として普及した。一方、温暖な関西では、囲炉裏がない家もあったため、火鉢も家族団らんに使える暖房器具として普及したことが、この違いを生んだと考えられている。

火鉢に情熱を注ぐ炭屋さん「株式会社 増田屋」

撮影にご協力いただいたのは、東京都大田区にある「株式会社 増田屋」。関東、関西の火鉢を豊富に扱う同店は、80年の歴史を数える炭屋さんで、炭や火鉢を展示したギャラリーも併設。炭を扱ううち火鉢に愛着がわき、収集、修理、販売を始めるようになったそうです。「火鉢でお燗をつけ、スルメを炙って食べる。楽しいですよ」というお話を聞くうちに、僕もふつふつと欲しい気持ちが湧き立ちました。興味のある方は増田屋さんのホームページ（http://www.masudaya.co.jp/）をご覧ください。

東の骨抜き

西の骨抜き

「く」の字に曲がっているのが「西の骨抜き」

すらっと伸びているのが「東の骨抜き」

魚の骨を挟んで抜き取る「骨抜き」。こんなシンプルな料理道具にも東西の違いがあり、関東型とよばれるものはすらっと伸びた形状。一方、関西型と呼ばれるのは写真のように「く」の字に曲がっている。こういった形の違いは、関東ではアジやイワシなど骨が細かい魚が、関西ではサバやタイなど骨が太い魚がよく調理されることに起因する。なお、どちらの型であっても、適度なバネがあり、隙間がまったくなく挟める国産品が圧倒的に良品であるという。

料理道具ならお任せの「合羽橋 飯田屋」

この「骨抜き」とP108の「玉子焼き器」の撮影にご協力いただいたのが、東京・合羽橋にある大正元年創業の「飯田屋」。案内をしてくださった6代目の飯田結太さんは、自ら「料理道具マニアです」とおっしゃるだけあって商品知識が実に豊富。撮影に提供くださったスペースにも個性的なフライパンが20個ほど置いてあり「全部自分で使ってみるんですよ」と楽しそうに話してくださいました。料理道具のことは、この人に聞けば間違いないと思います。

東の名山

西の名山

「西の名山」が富士山

「東の名山」が筑波山

名山を並び称することばに「西の富士、東の筑波」がある。「富士」というのは、言わずと知れた富士山であるが、「筑波」というのは茨城県にある筑波山のこと。百人一首にも《筑波嶺（つくばね）の　峰より落つる男女（みな）の川 恋ぞ積もりて　淵となりぬる》という和歌が収められているように、古来から歌にも詠まれる名山で、「日本百名山」のひとつにも数えられている。一般的に、富士山といえば、東のものというイメージだが、なぜ「筑波山を東」「富士山を西」と呼ぶのかは、江戸（東京）から見た視点に基づいているため。昔、江戸に住む人にとって、西に目を向ければ富士山が、東に目を向ければ筑波山があった。それだけ両者ともに、平地にあって、遠くからでも見ることができる存在感の大きな山だったのだ。

浮世絵『名所江戸百景』に見る富士と筑波

江戸時代後期に活躍した浮世絵師・歌川広重の晩年の傑作『名所江戸百景』には、富士山が描かれた絵が19枚、筑波山が描かれた絵が11枚もある。このことからも、江戸の風景におけるこの2つの名山の存在感がわかるだろう。上に掲げた筑波山の絵は『名所江戸百景』の「隅田川水神の森真崎」。一方、富士山の絵は「八つ見のはし」。ゴッホが模写したことで知られる作品も納められている『名所江戸百景』は、まさに日本が世界に誇る名作。理屈抜きに見ても実に楽しいのです。

＊上記の作品は「国立国会図書館デジタルコレクション」より

スカイツリーから見た筑波山。なんとか稜線が見える程度

こちらはスカイツリーから見た富士山。霞んではいるがさすがの存在感

星空の下の筑波山。稜線を浮かばせるのは黄色い街の灯り

その3

「名山」は朝日の青筑波に対して夕日の赤富士

現代の東京から「富士」と「筑波」を撮影しようとすると、スカイツリーに頼るしかない。よく晴れた日を見計らって地上350mの展望台に立ち300㎜の望遠レンズで筑波山の姿を撮影してみたが、何とか稜線が確認できる程度で絵にならない。より晴天を待つうちに花粉の舞う季節となり絶望的になってしまった。

霞んで撮れないならば、こちらから近づくしかなく、地図上で筑波山と東京を直線で結び、そのライン上で筑波山が綺麗に撮れる場所を探し撮影してみたが、新緑の季節にはまだ早く、山自体に色はない。周りの水田や畑も土色そのまま、とても良い写真には仕上がらなかった。

風景写真を撮る際に「雲に助けられた、空に助けられた」ということが多々ある。何でもない風景も、雲の表情、空のグラデーションで面白い写真に仕上がることがあるのだ。そこで朝日の力に期待して 深夜に東京を出発。月の光を頼りに撮影場所を定め、鳥の声がわずかに聞こえだした頃、朝日に浮かぶツインピークスが撮影できた。広重さん、けっこうデフォルメしてますね。

富士山は山中湖の東、パノラマ台から撮影した。「朝日の青筑波」に対して「夕日の赤富士」を狙ったがそう簡単にはものにできず。精進します。

（文と写真・山出高士）

立木を入れての撮影、広重も取り入れた立木の造形は魅力的

夕景を撮影後、アマチュアカメラマンの猛者達が車中泊で朝日を待つ

山中湖を入れて撮影、頂上付近に日が沈むのは10月中旬と2月下旬

東の屋根

西の屋根

茅葺き屋根が「東の屋根」

瓦屋根が「西の屋根」

一昔前には、家の屋根にも、一定の地域性があった。まず東北や信州など主に雪深い地域に見られるのが茅葺き（かやぶき）屋根。ススキや麦わらなどの草で作る屋根のことで、断熱性や通気性に優れ、雪下ろしもしやすいことから降雪地域で広く用いられた。火災に弱いため、火事が多かった江戸や、風が強い北関東の平野部では用いられなかったが、比較的、東の屋根といえるだろう。一方、瓦屋根は、重量と耐久性があることから台風の来る地域や、材料となる良質な粘土が採れる地域で用いられた。瓦の産地は全国にあるが、比較的、西の屋根といえるだろう。なお茅葺き屋根の家には、囲炉裏があるケースが多いが、これは囲炉裏の煙によって湿気や虫が付くのを防ぐためである。

印象的な屋根が残る「西湖いやしの里根場」と「須賀利」

茅葺き屋根の撮影に伺ったのは、山梨県の富士河口湖町にある「西湖いやしの里根場」。富士山を望む同地域は、かつて「日本一美しい茅葺き集落」と呼ばれた場所。現在は、20棟の茅葺き屋根集落の他、炭焼き小屋や水車なども立ち並ぶ「日本のふるさと」を再現した施設になっています。一方、瓦屋根の撮影に行ったのは三重県尾鷲市の須賀利（すがり）町。瓦屋根の家々が立ち並ぶこの地には、昔ながらの漁村の風景が今でも残っているのです。

海と町を隔てる堤防。道は細くなるが堤防の切れ目で海に出られる

町の中心を通る路地が、普済寺の石段へ続く

石段の上からの眺望。港を挟んで見えるのは日和山、
その向こうは熊野灘

その4

西の「屋根」は海の色が複雑に変化する漁村

名古屋から約170kmの海山インターチェンジを降りて海沿いをしばらく走り、ひと山越えると漁村が広がる。しかし、残念ながらそこはまだ須賀利ではない。1982年に県道ができるまで、須賀利には自動車では行けず、巡航船での往来が中心だったそうだ。この地域が海を隔てた尾鷲市に属しているのも納得ができる。

ふたつ目の山を越えると左手に入江が広がり、右手には瓦屋根の民家が駆け上がるように連なっている。町の頂点にあるひときわ大きな瓦屋根は地域唯一の寺院、普済寺だ。海沿いの道は次第に狭くなり、立ちふさがる防波堤で海は見えなくなるが、民家から海までの距離は驚くほど近い。港には大きな船は数隻で「昔は養殖でようけ儲かったけどな、今は海老を獲るぐらいやなあ」と日向ぼっこのおばあちゃん。

普済寺までは急な石段を登るが、息を弾ませるほどではない。町の上辺を縁取るように伸びる山道から、瓦屋根の町並みと入江が作る奥行きある写真を撮ることができた。

「山の緑がな、海に映って色々な色になるんやわ」

こう教えてくれたのは、偶然お会いできた住職。季節季節の光や、山の色、海の色が混ざり合い、複雑に変化するという。「まぁ飽きへんな」。にほんの里100選にも選ばれた須賀利の海と山と瓦屋根の飽きへん風景。一見の価値ありです。

（文と写真・山出高士）

人も減ったそうだが、まだまだ立派な瓦屋根群

海沿いから一本入った通り、メイン通り？だが車が通れない場所もある

透明度のある海。訪れたのは正月の５日。大漁旗でお祝い

東の落語家

西の落語家

「見台」と「ひざ隠し」を置くのが「西の落語家」

何も置かないのが「東の落語家」

東の落語は「江戸落語」、西の落語は「上方落語」と呼ばれるが、その呼称だけでなく演じるスタイルも異なっている。西の「上方落語」では、演者の前に「つい立て」のようなものがあるが、これは「ひざ隠し」と呼ばれる着物の乱れを隠すもの。また、その後ろの台は「見台」（けんだい）と呼ばれるもので、これを「小拍子」や「張扇」と呼ばれる小道具で叩いて音を出す。もともと江戸の落語は、お座敷などに呼ばれて演じていたが、上方落語は、神社の露天で道行く人の足を止めて演じていた。それゆえ人の注意を引くために、このような見台を叩くスタイルで演じられるようになったのだ。ただ現代では、落語家やそのネタによって「見台」や「ひざ隠し」を用いないケースもある。

聞けて幸せ
小せんさんと生喬さん

東の落語家の撮影にご協力いただいたのは、東京･浅草にある「浅草演芸ホール」と「柳家小せん」（やなぎやこせん）さん。一方、西の落語家の撮影にご協力いただいたのは、大阪市・北区にある「天満天神繁昌亭」と「笑福亭生喬」（しょうふくていせいきょう）さん。無理なお願いにもかかわらず笑顔で快諾くださったお二人の噺を間近で聞けてとても幸せな気分になりました。どちらも平日の昼間に伺ったのですが客席はぎっしり。寄席の魅力とその人気ぶりを再認識した取材でした。

東と西の違いを生むもの

～ 稲作は西の文化だった ～

「お米は、東と西、どちらでよく作られますか？」

今、こんな問いかけをすれば、多くの人が「東」と答えるはずです。「米どころ」と聞いて連想する場所は、秋田や宮城、新潟などで、あまり西の地名を思い浮かべる人はいないでしょう。しかし、この「東＝米どころ」というのは近代以降の認識で、時代をさかのぼれば稲作というのは西の文化だったのです。

関東には蕎麦文化が根付いていますが、これも元をたどれば寒い関東ではあまり稲が育たず、寒冷地でも栽培できる蕎麦が普及したことに由来しています。しかし、その後、寒いところでも生育する品種の稲が登場し、稲作は東日本へと広がっていく。そうなれば台風がたくさんくる西よりも、東のほうが育てやすいという側面もあったのでしょう。いつの間にか「稲作＝東」となったけれども、文化には「稲作＝西」の名残が見てとれる。P82で紹介した稲藁を使った「西の線香花火」などは、まさにその好例といえるでしょう。

こうして見ていくと、東と西の違いを生むものは、少し歴史をさかのぼった日本文化に由来するものが多々あることがわかってきます。

《東は寒冷、西は温暖》

この違いは、稲作文化だけでなく、家屋の違いにも影響を与えており、関東は囲炉裏文化であるのに対して、関西は竃（かまど）文化とされています。P146の火鉢の違いなども、この違いから生まれたものでしょう。

《東は武士、西は商人》

こんな江戸時代の人口構成は、P98で触れた表札の大きさにも影響を与えているはずです。そしてこの違いは「東は粋、西は優美」という好みの違いとしても表面化し、伝統文化の違いにも作用しています。

《西の伝統、東の大衆化》

今回、取材をするなかで感じた東西差異の源泉のひとつがこれです。P54の座布団の綴じ糸の違いなどはその一例でしょうが、伝統を重んじる西で複雑だったものが、多くの人口を抱える東に移るなかで大衆化（あるいは「簡略化」）していく。P142のひな人形の違いなどもこの一例に属するのではないでしょうか。

このように「東と西の違いを生むものは何だろう」と考えていくと、日本の歴史にたどり着く――。こんな思考の冒険が、今回とても面白く刺激的でした。「違う！」で終わらず、なぜ違うのか考えてみる。この一歩が、東西というテーマをより楽しむための手掛かりだと思うのです。

東西の違いのひとつとして「銅像」が挙がることがあります。商人文化で反権力だった関西では、関東よりも銅像の数が少ない――。このようにその原因を歴史にたどった説の真偽は定かではありませんが、たしかに大阪ではあまり銅像を見かけません。また、銅像が待ち合わせに使われることも少ないといいます。写真は大阪のJR東西線、北新地駅の近くに置かれたキタノザウルスという銅像。待ち合わせスポットになるようにと造られたそうですが、その立地ゆえか待ち合わせに使う人はあまりいないようです。

文・おかべたかし

《東路へ筆をのこして旅のそら　西のみ国の名ところを見舞（みん）》

これは浮世絵師・歌川広重の辞世の句です。「筆を江戸に残して旅立ち、これからはあの世の名所を見ようと思います」と、死後もなお景色を見たいという風景画の大家に相応しい一句。本書のタイトルでもある「東と西」の字が使われていることもあり、一目で気に入りました。今回「名山」について書く上で、歌川広重のことを調べ、絵の面白さだけでなくその発想に大いに刺激を受けました。この気持ちを活力にして、次の新たなる企画につなげたいなと考えています。

もともとこの「東西」の企画も本書の前身である『似ていることば』という本で、「スコップとシャベルは東と西では違うものを指す」というコラムを書いたことにあります。このコラムが好評だったことから、この本を作ろうと思ったのですが、このように本がまた本を生むのです。次の一冊にもご期待ください。

さて今回は撮影などでとりわけ多くの方にご協力いただきありがとうございました。デザイナーの佐藤美幸さん、東京書籍の藤田六郎さん、そしてカメラマンの山出高士さんにも改めて大いなる感謝をおくります。

写真・山出高士

三重県伊勢市の隣町が生まれ故郷。名古屋の影響を受けてか、我が家の味噌汁は赤味噌だった。上京した28年前、東京のスーパーには赤味噌も、永谷園の『ひるげ』も置いてなく寂しい思いをした。赤坂、豊川稲荷の茶屋でトコロテンをすすり酢でむせ、納豆は「食いもんの匂いじゃない！」と断罪し、焼き鳥屋で堂々と出てくる「ねぎま」の白ネギに怒りを覚えた。

今となっては、故郷の食卓にも納豆は上る。「恵方巻きを買わんといかん」とローソンに向かう母の姿がある。ローカルなお菓子だった『おにぎりせんべい』は東京でも買える。流通の発達と、情報伝達が早くなり、地域差が少なくなってきているなか、キッパリと東西に線を引くのは難しい物もたくさんあった。頷いたり、ツッコミを入れたりしながらページをめくり、「俺の田舎では」と生まれ故郷の自慢話に花が咲けば幸いです。

シリーズ7作目も当初からの4人で制作にあたりました。すっかり盤石となった我々カルテット、編集・構成・執筆のおかべさん、デザイナーの佐藤美幸さん、東京書籍の藤田六郎さん、変わらぬ感謝をおくります。そして、撮影に協力していただいた皆様にも感謝を申し上げます。

撮影協力 ＊敬称略

浅草演芸ホール
熱海湯
飯田屋
一般社団法人 落語協会
株式会社 梅園
株式会社 奥野かるた店
株式会社 久月
株式会社 七味家本舗
株式会社 蛇の市本店
株式会社 鶴屋八幡
株式会社 廣部硬器
株式会社 増田屋
株式会社 松根屋
神田志乃多寿司
木下水引株式会社
京のすし処 末廣
祇をん 萬屋
倉敷考古館
公益社団法人 上方落語協会
COFFEE HOUSE maki
国立歴史民俗博物館
西湖いやしの里根場
しながわ翁
笑福亭生喬
竹殿湯
蛸長
長命寺桜もち 山本や
筒井時正玩具花火製造所
天満天神繁昌亭
那須野が原博物館
日本玩具博物館
日本橋 お多幸本店
BAR TOGO.T
やげん堀　七味唐辛子本舗
柳家小せん
有限会社 ぎをん小森
わたや森

主要参考文献

『赤瀬川原平が選ぶ 広重ベスト百景 』
（赤瀬川原平・著／講談社）

『絵引 民具の事典』
（岩井宏實・監修／河出書房新社）

『かつて誰も調べなかった100の謎』
（堀井憲一郎・著／文藝春秋）

『勝手に関西世界遺産』
（石毛直道他／朝日新聞社）

『関東人と関西人』
（樋口清之／PHP文庫）

『広辞苑（第四版）』
（新村出・編／岩波書店）

『THE 狛犬！コレクション』
（三遊亭円丈／立風書）

『小学漢字学習辞典』
（下村昇・編著／偕成社）

『大辞林』
（iPhoneアプリ／物書堂）

『東と西の語る日本の歴史』
（網野善彦／講談社学術文庫）

『日本の暖簾―その美とデザイン―』
（高井潔／グラフィック社）

『残したい日本の美201』
（田中優子・監修／長崎出版）

『目からウロコの民俗学』
（橋本裕之・編著／PHP研究所）

おかべたかし

（岡部敬史）

1972年京都府生まれ。早稲田大学第一文学部卒。出版社勤務後、文筆家・編集者として活動。著書に『くらべる東西』『目でみることば』『見つける東京』（東京書籍）、『将棋「初段になれるかな」大会議』（扶桑社）などがある。個人ブログ「おかべたかしの編集記」。

山出高士

（やまでたかし）

1970年三重県生まれ。梅田雅揚氏に師事後、1995年よりフリーランスカメラマン。『散歩の達人』（交通新聞社）などの雑誌媒体のほか、企業広告も手がける。2007年より小さなスタジオ「ガマスタ」を構え活動中。著書に『くらべる東西』『目でみることば』『似ていることば』（東京書籍）などがある。『人生が変わる！特選 昆虫料理50』（木谷美咲、内山昭一・著／山と溪谷社）、『もにゅキャラ巡礼』（楠見清、南信長・著／扶桑社）でも写真を担当。

くらべる東西

2016年6月13日　第1刷発行
2024年3月21日　第7刷発行

おかべたかし・文

山出高士・写真

発行者　渡辺能理夫
発行所　東京書籍株式会社
〒114-8524 東京都北区堀船2-17-1
03-5390-7531（営業）
03-5390-7500（編集）

デザイン　佐藤美幸（keekuu design labo）
編集協力　（有）SPOON BOOKS

印刷・製本　株式会社リーブルテック

ISBN978-4-487-81033-8 C0025

出版情報　https://www.tokyo-shoseki.co.jp
乱丁・落丁の場合はお取り替えいたします。